AF466758

OEUVRE DU VOEU NATIONAL

*AU SACRÉ CŒUR DE JÉSUS*

# DISCOURS

PRONONCÉ

DANS L'ÉGLISE MÉTROPOLITAINE DE NOTRE-DAME DE PARIS

*Le 14 Avril 1872*

PAR LE R. P. MONSABRÉ

des Frères Prêcheurs

ET

## ALLOCUTION

DE MONSEIGNEUR L'ARCHEVÊQUE DE PARIS

PARIS

JOSEPH ALBANEL, LIBRAIRE,

7, RUE HONORÉ-CHEVALIER, 7.

1872

*Tous droits réservés.*

57 b 4

# ŒUVRE

DU

# VŒU NATIONAL AU SACRÉ CŒUR

# DE JÉSUS

Lb 57
3474
A.

## COMITÉ DU VŒU NATIONAL

AU

# SACRÉ COEUR DE JÉSUS

---

MM. l'Abbé JOURDAN, Vicaire général, à l'Archevêché de Paris.

---

Léon CORNUDET, *Président*, ancien président de section au Conseil d'État, 102, rue de Rennes, à Paris.

Th. DAUCHEZ, *Trésorier*, 75, rue du Plessis, à Versailles.

LEGENTIL, *Secrétaire*, 51, rue de Paradis-Poissonnière, à Paris.

H. ROHAULT DE FLEURY, *Secrétaire*, à Chauconin, près de Meaux (Seine-et-Marne).

BAUDON, président général de la Société de Saint-Vincent de Paul, 6, place du Palais-Bourbon, à Paris.

DE BENQUE, 2, rue Radziwill, à la Banque de France, à Paris.

Général baron DE CHARETTE, 34, avenue Montaigne, à Paris.

DESCOTTES, ingénieur en chef des mines, 71, rue de Grenelle, à Paris.

Cte DE LAMBEL, 33, rue Saint-Dominique, à Paris.

E. DE MARGERIE, 21, boulevard de Latour-Maubourg, à Paris.

MERVEILLEUX DU VIGNAUX, avocat général près la Cour d'appel de Paris, 42, rue de Grenelle, à Paris.

Cte DE MISSIESSY, ancien officier supérieur de la marine, 21, rue des Bois, à Fontainebleau (Seine-et-Marne).

Cte Anatole DE SÉGUR, ancien conseiller d'État, 72, rue de Bellechasse, à Paris.

Marquis DE VIBRAYE, 56, rue de Varennes, à Paris, ou au château de Cheverny (Loir-et-Cher).

Les offrandes peuvent être envoyées soit à M. le Trésorier, ou à MM. les Secrétaires, rue de Furstenberg, 6, à Paris, soit à chacun des membres du Comité.

---

ŒUVRE DU VŒU NATIONAL

*AU SACRÉ CŒUR DE JÉSUS*

# DISCOURS

PRONONCÉ

DANS L'ÉGLISE MÉTROPOLITAINE DE NOTRE-DAME DE PARIS

*Le 14 Avril 1872*

PAR LE R. P. MONSABRE
des Frères Prêcheurs

ET

# ALLOCUTION

DE MONSEIGNEUR L'ARCHEVÊQUE DE PARIS

3628.

PARIS
JOSEPH ALBANEL, LIBRAIRE,
7, RUE HONORÉ-CHEVALIER, 7.

1872

*Tous droits réservés.*

*L'Œuvre du vœu national au Sacré Cœur de Jésus, pour obtenir la délivrance du Souverain Pontife et le salut de la France, a reçu, le 14 avril 1872, une consécration solennelle qui lui promet les plus consolants progrès. On a pensé édifier les personnes pieuses qui ont déjà pris intérêt à cette œuvre et aussi attirer vers elle un grand nombre d'âmes, en publiant le beau Discours par lequel le R. P. Monsabré la fait connaître, on peut le dire, au monde catholique. On a cru enfin remplir un véritable devoir en publiant l'allocution de Mgr l'archevêque de Paris, qui a suivi le discours de l'éloquent religieux. Cette éclatante adoption de l'œuvre par le premier Pasteur du diocèse de Paris servira, nous n'en doutons pas, à prouver aux fidèles l'importance du vœu au Sacré Cœur et les engagera à travailler, en le propageant, à la délivrance de l'Église et au salut de la patrie.*

ADJUTORIUM NOSTRUM IN NOMINE DOMINI

---

# DISCOURS

POUR

## L'ŒUVRE DU VŒU NATIONAL

AU SACRÉ-CŒUR

---

*Christo ejusque sacratissimo Cordi*
*Gallia pœnitens et devota.*

Au Christ et à son Sacré Cœur la France pénitente et consacrée.

MONSEIGNEUR (1), MESSIEURS,

Au commencement de l'hiver, en 1870, de pieux laïques, voulant obtenir de Dieu la délivrance de Paris assiégé et de la France occupée par les armées allemandes, firent un appel aux âmes chrétiennes pour qu'elles s'engageassent par vœu à

(1) Monseigneur l'Archevêque de Paris.

ériger un temple au Sacré Cœur de Jésus. Ce temple devait être bâti au sein même de la capitale et transmettre à la postérité, avec le souvenir de nos malheurs, le souvenir de la merveilleuse intervention de Dieu. Mais espérer sitôt l'apaisement des colères du Ciel, c'était, paraît-il, une trop grande ambition. La justice divine, lancée à la poursuite de nos iniquités, allait, allait toujours, frappant, broyant, détruisant, jusqu'à ce qu'elle nous eût contraints à demander une paix honteuse. Vaincus, humiliés, à bout de forces et de ressources, nous l'avons signée, cette paix ; aujourd'hui elle nous écrase. Notre légèreté, trop féconde en bravades, voudrait en secouer le fardeau, c'est impossible. Cependant nos infortunes n'avaient pas tari l'espoir dans nos cœurs. Des choix du peuple était sortie une assemblée qui représentait si bien, disait-on, le réveil du bon sens qu'on crut qu'elle pouvait nous sauver. Mais quel affreux destin est le nôtre ! honnêtes intentions, patients efforts, généreux sacrifices d'opinions, rien n'a pu conjurer le mystérieux orage qui, grondant en notre sein, devait ajouter aux foudres du dehors les foudres du dedans, aux ruines faites par l'invasion les ruines faites par la révolution. Les grandes clameurs de nos tempêtes intérieures se sont tues, c'est vrai ; — sommes-nous sauvés pour cela? — Les sourds murmures que nous entendons encore ne présagent-ils pas de nouvelles explosions ? — Et cependant nous voulons le salut et la paix. Où les trouver? Les hommes, malgré toute leur bonne volonté, ne nous les peuvent pas assurer. C'est pourquoi les âmes chrétiennes se retournent vers Dieu et cherchent à entraîner avec elles toute la nation. Vous savez, Messieurs, quelle proposition a été faite à ceux qui tiennent en main nos destinées, et comment cette proposition, qui nous conviait tous à un acte solennel d'expiation et de prière, a été rejetée. Il ne m'appartient pas de porter ici un jugement sur ce fait, l'un des plus importants, peut-être, de nos annales parlementaires ; mais, au nom de votre archevêque, au nom des chrétiens patriotes qui ont conçu l'idée d'un vœu national, je viens vous dire que tout n'est pas fini.

Pour la France qui souffre, pour l'Église et le Saint-Siége blessés dans leurs droits par le contrecoup de nos infortunes publiques, voici ce qu'on vous propose : un vœu conçu en ces termes :

VŒU NATIONAL AU SACRÉ CŒUR DE JÉSUS
POUR OBTENIR
LA DÉLIVRANCE DU SOUVERAIN PONTIFE
ET LE SALUT DE LA FRANCE.

« En présence des malheurs qui désolent la

» France, et des malheurs plus grands peut-être » qui la menacent encore ; »

« En présence des attentats sacriléges commis à » Rome contre les droits de l'Église et du Saint- » Siége et contre la personne sacrée du Vicaire de » Jésus-Christ ; »

« Nous nous humilions devant Dieu, et, réunis- » sant dans notre amour l'Église et notre patrie, » nous reconnaissons que nous avons été coupables » et justement châtiés. »

« Et pour faire amende honorable de nos péchés » et obtenir de l'infinie miséricorde du Sacré Cœur » de Notre-Seigneur Jésus-Christ le pardon de nos » fautes, ainsi que les secours extraordinaires qui » peuvent seuls délivrer le Souverain Pontife de sa » captivité, et faire cesser les malheurs de la » France, nous promettons de contribuer à l'érec- » tion, à Paris, d'un sanctuaire dédié au Sacré » Cœur de Jésus. »

« L'inscription de ce sanctuaire sera : AU » CHRIST ET A SON SACRÉ CŒUR LA FRANCE PÉNI- » TENTE ET CONSACRÉE. *Christo ejusque sacra-* » *tissimo Cordi Gallia pœnitens et devota.* »

Je vais vous expliquer, Messieurs, le sens de ce vœu ; c'est tout l'objet de mon discours.

Par un mouvement d'instinct l'homme dans la détresse cherche l'aide de plus grand et plus fort que lui-même, et lorsque tout lui manque, il laisse échapper de son âme angoissée cette parole cruellement naïve : « Je ne sais plus à qui me vouer. » De la terre il va au ciel, suprême refuge de toutes les douleurs. Là il trouve le secours qu'il a en vain demandé autour de lui. — Voilà notre état, Messieurs. Les espérances humaines, trop vivement caressées à l'heure où nous sortions des horreurs de la guerre, tombent l'une après l'autre sous le coup de révélations terribles qui éclairent la profondeur de notre misère. Littéralement, nous ne savons plus à qui nous vouer ici-bas, les sauveurs que nous nous étions promis s'éclipsent ; Dieu s'applique à nous convaincre qu'il ne reste plus que lui. Lui ! c'est tout !

Levons donc les yeux vers les saintes montagnes d'où doit nous venir le secours. En haut nos regards vers celui qui habite les cieux, et comme les serviteurs tremblants fixent les yeux sur les mains du maître pour le conjurer de ne plus frapper, fixons nos yeux sur les mains du Maître des maîtres, notre Dieu, jusqu'à ce qu'il nous fasse miséricorde. Disons-lui d'une commune voix : — « Ayez pitié de nous, Seigneur, ayez pitié de nous, » car nous sommes abreuvés de dédains. Notre » âme est trop remplie de maux, les nations pros-

» pères nous considèrent comme un opprobre et » les superbes nous accablent de leurs mépris. » Ayez pitié de nous (1). » — Enfin, Messieurs, puisqu'il n'y a plus être au monde qui veuille ou qui puisse soutenir notre vie chancelante et conjurer les maux que semble nous promettre un prochain avenir, vouons-nous à Dieu.

Mais à quel Dieu? me direz-vous. — Au Dieu que nous avons offensé, en ayant soin d'exprimer par le caractère même de notre vœu tout l'odieux de nos péchés, toute la force et la plénitude de notre repentir, toute l'étendue de nos espérances. Il y a des hommes, des chrétiens même, j'ai la tristesse de le dire, qui pensent que s'adresser au Cœur de Jésus c'est l'acte d'un mysticisme étroit qui exclut de l'expiation nationale une foule innombrable d'âmes religieuses. Volontiers ils se contenteraient d'invoquer le Dieu très-bon et très-grand à qui les païens demandaient du secours dans leurs maux, à qui ils élevaient des temples après leurs victoires. Certes nous ne défendons à personne de recourir au Dieu très-bon et très-grand; mais, éclairés par la foi, nous savons que ce Dieu demande aux hommes et aux peuples des actes religieux proportionnés aux grâces qu'ils ont reçues, ou qu'ils espèrent de sa bonté.

(1) Psaume CXXII.

Nous voulons nous repentir publiquement de nos fautes et exprimer notre repentir par un monument. Eh bien, sur ce monument nous n'écrirons pas : — « Au Dieu très-bon et très-grand, *Deo » optimo et maximo,* » parce que ce n'est pas seulement la haute majesté de Dieu que nous avons outragée. Nous avons péché contre le Seigneur et contre son Christ, *adversus Dominum et adversus Christum ejus ;* contre ce Christ, qui s'est emparé de nous sur les champs de Tolbiac, nous a appelés aux admirables lumières de sa vérité, a lavé dans son sang la nation française, et en a fait une nation sainte, une race choisie, un peuple à lui, *gens sancta, genus electum, populus acquisitionis.* Nous sommes au Christ, Messieurs, et voilà près de cent ans que nous nous épuisons en efforts sacriléges pour sortir de son héritage. Nous avons soustrait nos institutions nationales aux influences de sa loi sainte; pour notre compte personnel, nous avons refusé d'obéir à cette loi; nos mœurs sont devenues un public outrage à toutes les vertus chrétiennes, particulièrement à celles qui font les peuples forts; nous avons laissé dédaigneusement l'usage de la grâce et des choses saintes aux femmes et aux enfants, comme si nous devenions plus hommes en cessant d'être chrétiens; nous avons écouté complaisamment les blasphémateurs qui s'appliquaient à réduire le Fils de Dieu aux mesquines proportions d'une personne humaine, à critiquer sa doctrine, à dénaturer ses grandes œuvres, à nier même son existence ; nous avons dit : — « Peut-être ont-ils raison, » et puis nous les avons applaudis, et puis nous sommes devenus, en masse, les complices de leur apostasie. Enfin nous avons couvert des ombres de l'incrédulité et de la sanie de nos iniquités l'auguste caractère qui attestait dans nos âmes la possession de Jésus-Christ. C'est donc à lui, Messieurs, que doit aller directement notre repentir national. Si nous nous adressions au Dieu très-bon et très-grand, il nous renverrait à son Fils et il aurait raison.

Au Christ nos vœux expiatoires ! *Christo!* mais pourquoi à son Sacré Cœur ? — Parce que, si nous étions innocents nous pourrions en appeler à la justice divine; coupables comme nous le sommes, nous n'avons plus de refuge que dans l'amour; l'amour seul peut nous sauver. De plus, la vocation chrétienne, à laquelle nous avons été infidèles, est une œuvre d'amour; elle commence par l'amour ; elle se soutient par l'amour; elle se consomme par l'amour. Or le Cœur de Jésus-Christ est le symbole, je dirai plus, l'instrument de son amour. N'est-ce pas le cœur qui bat dans l'organisme humain la mesure des grands sentiments et des fortes émotions? N'est-ce pas lui qui règle la musique sacrée de notre parole quand elle veut exprimer les douleurs ou les joies de l'amour? Que l'amour nous blesse ou qu'il nous flatte, c'est là que nous sentons ses coups ou ses caresses. Nous disons : « Mon cœur » souffre, ou Mon cœur tressaille, » et c'est vrai. Il arrête ses mouvements ou il les précipite selon les sentiments qu'éprouve notre âme, et de tous les sentiments, l'amour est celui auquel il est le plus sensible.

Harpe sainte de l'amour, le cœur est encore le réservoir dans lequel l'amour puise les riches ondes du sang. Le sang! suprême éloquence de celui qui aime! Quand on a tout dit et tout fait pour prouver son amour, il ne reste plus qu'à répandre le sang jusqu'à ce que le cœur n'en puisse plus garder une seule goutte. Alors c'est fini! l'âme, déjà enveloppée des ombres de la mort, ne voit plus ce qui se passe ici-bas; mais le cœur par ses dernières convulsions dit encore : J'aime! j'ai aimé! O Messieurs! comme notre doux Sauveur Jésus avait raison lorsque, montrant son Cœur de chair à la bienheureuse Marguerite-Marie, il lui disait : — « Voilà ce cœur qui a tant aimé les hommes qu'il » n'a rien épargné pour leur témoigner son » amour. » — Pour nous il a subi de mortelles angoisses, pour nous il a éprouvé d'horribles dégoûts, pour nous il a passé par les terreurs de la passion et de la mort, pour nous il a versé jusqu'à la dernière goutte de son précieux sang. La plaie que lui a faite le lancier du Golgotha est comme une bouche qui répète sans cesse : Amour ! amour ! amour !

C'est à cet amour, Messieurs, que tout chrétien coupable doit faire amende honorable de ses fautes ; mais nous, Français, plus que tous les chrétiens. Nous avons été ingrats envers ce Christ que nos pères saluaient par cette joyeuse acclamation : « Vive le Christ qui aime les Francs ! » — Oui, le Christ aime les Francs. Appelé à comparaître devant son Père pour régler la question de son héritage, son père lui a dit : — « Demande-moi, *Postula a me,* » — et il a demandé pour nous ce fortuné pays, soudé au continent par de si fortes attaches et baigné par deux mers qui lui livrent toutes les routes du monde. Terre où le soleil tempère ses ardeurs sans qu'elles cessent d'être fécondes, où les pluies du ciel, les rosées et les douces brises se succèdent en d'harmonieuses saisons pour faire germer, éclore et mûrir l'herbe des prairies, les moissons des champs, les fruits des vergers et ces grappes empourprées d'où sort la généreuse liqueur qui réjouit le cœur de l'homme. Admirable contrée coupée par des fleuves majestueux, des rivières et des ruisseaux charmants, où montagnes et vallées prodiguent tour à tour leurs beautés aux regards. Paradis où rien ne manque pour faire un peuple heureux et prospère. La France, le plus beau des royaumes après celui du ciel. Voilà ce que le Christ, héritier des nations, a demandé pour nous à son Père. Le

Christ aime les Francs; il les a abreuvés de gloires : gloire de la législation, de la magistrature et des armes; gloire de la science, des lettres et des arts; gloire du dévouement, de l'apostolat et de la sainteté. Le Christ aime les Francs; plusieurs fois il les a retirés du péril de mort. Tolbiac, Poitiers, Bouvines, Orléans, Denain, sont des noms de salut plus encore que des noms de gloire. Quand la valeur des hommes ne répondait pas aux desseins miséricordieux de notre divin ami, eh bien, Messieurs, il faisait des miracles. Il prenait une enfant des champs et l'envoyait « recouvrer le beau royaume de France pour lequel » ni rois, ni ducs, ni fille de roi ne pouvaient plus » rien; » c'était au nom de *messire Jésus-Christ* que la bergère Jeanne d'Arc ordonnait aux Anglais de *déguerpir*. Le Christ aime les Francs; il n'a point permis qu'ils fussent détachés, comme tant d'autres peuples, du corps de son Église par le schisme et l'hérésie, et à l'heure où les autels renversés gisaient près d'un trône treize fois séculaire, il a envoyé pour les relever le plus grand capitaine des temps modernes. Cet homme a mal compris sa mission, c'est vrai, mais nous y voyons mieux, pour cela même, l'amour du Christ. Le Christ aime les Francs; maintes fois il leur a demandé des services d'ami qui ont mérité à la France, avec l'admiration du monde catholique, les titres de nation très-chrétienne et de fille aînée de l'Église. Le Christ aime les



BIBLIOTHÈQUE NATIONALE R.F. IMPRIMÉS

Francs; souvent, pour les consoler, les encourager, es avertir, leur reprocher leurs fautes, les inviter à la pénitence, il leur a envoyé sa très-sainte Mère, la douce et chère Dame de son Sacré Cœur. Partout nous rencontrons des monuments qui nous rappellent ses apparitions bénies. Le Christ aime les Francs; et c'est à eux, Messieurs, qu'il a montré son cœur; c'est à eux qu'il a promis le triomphe de son amour. La dévotion au Sacré Cœur fut une dévotion française avant d'être une dévotion catholique. Est-il donc étonnant qu'elle se montre avec éclat à l'heure de nos grandes infortunes, et que nous fassions au Christ, qui nous a tant aimés, amende honorable pour nos ingratitudes.

Donc au Christ et à son Sacré Cœur nos vœux expiatoires. Cela est bien, cela est éminemment français. *Christo ejusque sacratissimo Cordi Gallia pœnitens.*

Humiliés et prosternés devant l'amour que nous avons méconnu, nous voulons encore nous vouer à l'amour, *Gallia pœnitens et devota.* Et cela, Messieurs, non-seulement parce que l'amour seul peut nous arracher aux étreintes de la justice irritée; mais parce que nous avons plus que jamais besoin de prendre des leçons d'amour et d'en pénétrer nos cœurs. Les maux qui nous menacent sont l'œuvre de la haine, haine inexplicable si nous n'en cherchons la source que dans les passions humaines.

Évidemment l'ennemi de tout bien, le Diable, puisqu'il faut l'appeler par son nom, veut tenter un de ses grands coups ; il s'y prépare depuis longtemps. Toujours vaincu, il se relève sans cesse, parce qu'il est animé d'un sentiment fort comme sa nature, profond comme son malheur, éternel comme lui. Une sainte femme l'a énergiquement et justement défini en ces quelques mots : — « *Celui qui ne peut plus aimer, celui qui hait.* » Depuis l'origine du monde il n'est occupé qu'à contrarier l'œuvre de Dieu, et pour cela il se sert de toutes nos faiblesses et de toutes nos convoitises. La guerre qu'il fait à son Maître et à tous ceux que son Maître aime est de tous les lieux et de tous les temps ; mais il est des moments où elle devient si générale et si violente qu'on croirait qu'il va triompher. Nous sommes à un de ces moments, Messieurs. Celui qui hait a soufflé partout la haine. Haine des peuples contre les peuples, et, au sein des nations, haine du petit contre le grand, du misérable contre celui qui possède, du souffrant contre celui qui jouit, du paresseux contre le travailleur, de l'ignorant contre celui qui sait, de l'incroyant contre celui qui croit ; haine surtout contre les principes conservateurs de l'ordre social et contre ceux qui les représentent à tous les degrés ; haine qui prépare des embûches, ouvre des abîmes, marque ses victimes, lève le bras pour frapper, assassine sans pitié ; haine qu'on a comprimée par la force, mais qui réserve à la force, elle ne s'en cache pas, d'épouvantables représailles. Quel souffle, mon Dieu, quel souffle court à travers le monde! il oppresse nos poitrines, il empoisonne notre sang, il y allume je ne sais quelle fureur maudite. N'est-ce pas, Messieurs, que, plongés dans une atmosphère de haine, nous sommes tentés nous-mêmes de haïr? Eh bien, il ne le faut pas; ce ne serait pas chrétien. Jetons-nous donc dans le Cœur de celui qui pardonnait à ses bourreaux, et, pour obtenir de lui qu'il délivre les âmes que possède le démon de la haine, laissons-nous posséder par l'amour.

O Cœur de mon Jésus, je me consacre à vous! Faites de moi ce qu'il vous plaira; livrez-moi, si vous le voulez, à des mains ennemies. Qu'on me maltraite, qu'on me perce de coups, j'y consens et vous jure d'aimer jusqu'à ma dernière heure. Pas une plainte, pas un murmure, pas un reproche ne sortiront de ma bouche; mais je dirai:—« Mon âme,
» bénis le Seigneur, et que tout ce qui est en moi
» chante son nom sacré. O Dieu! on m'a haï sans
» raison, laissez-moi bénir votre amour. Ténèbres
» de mon esprit, bénissez le Seigneur; angoisses de
» mon cœur, bénissez le Seigneur; brisement de mes
» os, bénissez le Seigneur; fleuve de ma vie qui s'en
» va, bénissez le Seigneur; ruisseaux de mon sang,
» bénissez le Seigneur; rosée de mes larmes, bénissez

» le Seigneur; dernier souffle de ma poitrine, bénissez
» le Seigneur; froid de la mort, bénissez le Sei-
» gneur..... » Et quand les lèvres de ma bouche ne pourront plus rien dire, « lèvres de mes plaies,
» parlez, parlez encore; dites à Dieu : Pardon!
» Amour! — Amour! Pardon! »

Messieurs, je vous en conjure, consacrons-nous à l'amour, vouons la France entière à l'amour, afin qu'elle soit sauvée par l'amour. *Christo ejusque sacratissimo Cordi Gallia pœnitens et devota.* Mais, en faisant des vœux pour la France, nous ne devons pas et nous ne voulons pas oublier l'Église. Par un étrange, ou plutôt par un admirable jugement de Dieu, pendant que la fille coupable souffre, la mère innocente est plongée dans l'angoisse de la persécution, comme pour nous faire bien voir quels liens intimes unissent ensemble les destinées de la France et celles de l'Église. Tant que notre main était libre, les violateurs du plus saint des droits hésitaient à s'avancer sur le chemin de la rapine; dès qu'ils ont vu nos bras enchaînés, ils ont brisé sans pudeur les dernières barrières qui les arrêtaient. C'est fait maintenant. L'Église, humiliée et captive dans la personne de son chef, attend un sauveur. Partout il y a des enfants qui la plaignent, aucun pouvoir ne veut ou ne peut lui tendre la main. Si nous pouvions agir, Messieurs, nous agirions, je n'en doute pas; mais, sans force pour nous-mêmes, nous ne pouvons que joindre dans nos vœux la cause de l'Église à celle de la France. Tout va bien cependant, parce que le Christ ami des Francs, qui reçoit nos humbles supplications, est aussi l'époux de l'Église. Quand sa généreuse et vaillante fille pouvait tenir une épée, le Christ, amant de l'ombre et du mystère, laissait à la France le soin de protéger son épouse; aujourd'hui la fille et l'épouse ont besoin de son secours; il faut qu'il se montre, dût-il faire pour cela des miracles. Époux de l'Église, armez-vous donc pour la défense de votre épouse outragée; la France votre fille pécheresse, ne pouvant plus prêter à sa mère l'aide de son bras, lance vers votre Cœur adorable les flèches de son amour repentant et de ses humbles prières. La France fait un solennel appel à l'honneur de votre nom et à l'amour de votre Cœur. *Christo ejusque sacratissimo Cordi Gallia pœnitens et devota.*

Messieurs, le cœur de l'époux ne peut rien refuser à qui le prie pour une épouse chérie. « Or, le » Christ, dit l'Apôtre, chérit son Église, il s'est livré » pour elle afin de la sanctifier, il veut qu'elle soit » glorieuse, sans tache, sans ride, sans rien qui la » déshonore. Si l'homme doit aimer sa femme » comme son propre corps, la nourrir, en prendre » soin comme il nourrit sa chair et prend soin de sa » chair, ainsi le Christ à l'égard de son Église, car

» elle est de son corps, de sa chair et de ses os.
» *Membra corporis ejus, de carne ejus, et de*
» *ossibus ejus* (1). »

L'humiliation et la souffrance de l'Église ne peuvent donc pas se prolonger indéfiniment. Si Dieu a laissé s'endormir sa puissance, ce sommeil n'aura qu'un temps, car le cœur de l'époux veille sans cesse. Ému par nos vœux, il va réveiller sa puissance endormie, et par un coup d'éclat dont les peuples seront étonnés, il rendra à son épouse sa liberté compromise et sa gloire effacée. Mon espoir, j'oserai dire plus, Messieurs, ma conviction intime est que la fille aînée de l'Église, la France, interviendra dans ce grand acte de justice et de miséricorde. Comment? — je n'en sais rien; mais celui qui ressuscite les morts ne peut-il pas nous rendre la vie? Nous l'avons éloigné par nos crimes, il va revenir appelé par nos vœux. Nous lui dirons : « Seigneur, si vous aviez été là, la France ne serait » pas morte; » il nous répondra de sa douce voix : « La France, mon amie, n'est pas morte, elle n'est » qu'endormie. » Et, s'adressant aux misérables restes de notre puissance : « France, dira-t-il, viens » dehors. *Gallia, veni foras.* » La voilà la pauvre morte, la voilà qui se lève, ressuscitée par l'amour du Christ dont nos vœux ont touché le Cœur.

Pour obtenir une si grande grâce, vous com-

(1) *Ephés.*, ch. v, 25-30.

prenez, Messieurs, qu'il faut que notre vœu soit vraiment national. Non pas que nous puissions espérer l'unanimité, ni même la majorité; mais que tous les vrais catholiques, au moins, prennent part à cette solennelle manifestation dans toute l'étendue du territoire français; Dieu se contentera de leurs suffrages, car ce sont les vœux des justes qu'il agrée pour apaiser sa justice. *Vota justorum placabilia* (1).

Encore un mot et je termine. Notre vœu national commencé par la prière doit recevoir sa dernière expression dans un monument. Ce monument répond à un besoin, à une sainte ambition, à un noble sentiment. Dispersés à tous les points de la France, nous voulons un signe matériel de notre union dans le même repentir, le même espoir, la même reconnaissance. Le sanctuaire du Sacré Cœur édifié au sein même de notre capitale sera ce signe. La prière est un acte qui passe, nous voulons en assurer autant que possible la perpétuité; or, le monument parle pendant que les cœurs et les lèvres se taisent, l'église du Sacré-Cœur fera prier ses pierres tout imprégnées de nos larmes et de nos sacrifices, toutes chargées d'inscriptions et de symboles qui rappelleront aux futures générations combien fut grand notre malheur, profond notre repentir, aimable le Cœur de Jésus qui nous a pardonné et relevés de notre abjection. Enfin toute victoire illustre veut

(1) *Prov.*, ch. XV. v. 8.

un monument qui témoigne, à travers les âges, de la reconnaissance des peuples qu'elle a délivrés. Or, trois victoires seront inscrites sur le temple du Sacré-Cœur : Victoire de l'amour pénitent sur nos péchés; victoire de l'amour fraternel sur la haine sociale; victoire de l'amour divin sur la justice divine.

Maintenant, Messieurs, à l'œuvre. Prions et donnons. Je voudrais pouvoir du sommet de la plus haute de nos montagnes faire entendre ma voix à la France entière; mais parler ici et à vous, n'est-ce pas m'adresser à toute la France ? Ne serez-vous pas mes porte-voix et les courriers agiles et zélés du Vœu national? Je viens de vous parler;—maintenant parlez à la France, et puissiez-vous recevoir bientôt une réponse qui nous console de nos tristesses et nous remplisse le cœur d'espoir.

« Elie, dit l'apôtre S. Paul, interpellait le Sei-
» gneur au sujet d'Israël. Seigneur, s'écriait-il, on
» a tué tes prophètes, on a renversé tes autels, il n'y
» a plus que moi qui te sois fidèle et l'on veut prendre
» ma vie. Mais savez-vous quelle fut la réponse de
» Dieu. — Je me suis réservé sept mille hommes
» qui n'ont point plié les genoux devant Baal. Ainsi,
» ajoute l'Apôtre, il y a dans le temps présent des
» réserves que Dieu s'est faites par un choix de sa
» grâce (1). » Ces réserves vous les trouverez, Mes-

(1) *Ép. aux Rom.*, ch. II, 2-5.

sieurs, elles s'élèveront, je l'espère, non pas jusqu'à sept mille, mais jusqu'à septante fois sept mille. Tous ne pourront pas donner; mais tous prieront, et, plus puissante que la harpe d'Amphion, la prière rassemblera les pierres de notre monument; plus douce que la lyre d'Orphée, elle apaisera le cœur des bêtes féroces dont les menaces épouvantent la société. Septante fois sept mille justes! — Faites que nous les trouvions, ô mon Dieu, pour apaiser vos saintes colères. Si nous les trouvons, nous pourrons écrire hardiment sur le frontispice de notre monument: — Au Christ et à son Sacré Cœur la France pénitente et vouée à jamais. *Christo ejusque sacratissimo Cordi Gallia pœnitens et devota.*

---

*Après ce discours, Monseigneur l'archevêque de Paris s'est levé et a adressé à l'auditoire l'allocution suivante. Nous rapportons de mémoire cette touchante improvisation.*

MESSIEURS,

Je remercie, en votre nom et au mien, l'éloquent religieux qui a prêché la station de Notre-Dame pendant le carême de cette année, puis la retraite qui s'est terminée par une communion d'hommes si nombreuse et si recueillie. Cette communion a été, je le déclare, une des plus grandes consolations qui m'aient été données, depuis qu'il a plu à la divine Providence de m'appeler sur le siége archiépiscopal de Paris ; elle est aussi pour moi un grand sujet d'espérances. Ce n'est pas d'ailleurs la ville de Paris seule qui se trouve édifiée et consolée par cette affluence d'hommes de tout âge et de toute condition se rendant à la table sainte, publiquement, ostensiblement, le jour de Pâques, dans la grande métropole de Notre-Dame. C'est toute la France que cet acte public et solennel de foi édifie et console. Car tout ce qui se passe à Paris, en bien comme en mal, a un grand retentissement dans la France entière.

Ne l'oubliez pas, Messieurs, en entendant le digne religieux qui vous a évangélisés, vous avez entendu votre archevêque lui-même. C'est la voix de votre archevêque qui vous a parlé par sa bouche. Car c'est notre premier devoir, à nous évêques, d'annoncer la parole de Dieu à nos diocésains ; et si la multiplicité de nos occupations ou l'insuffisance de nos forces nous obligent à emprunter la voix d'un de nos prêtres, vous devez écouter cette voix comme si c'était nous-même qui, du haut de cette chaire, venions vous donner les enseignements de la foi.

Aujourd'hui encore, c'est en notre nom qu'i vous a signalé, expliqué et recommandé cette œuvre du Vœu national au Sacré Cœur de Jésus, que j'ai connue et bénie au momen même où elle a été entreprise, mais qu'aujourd'hui je fais mienne et dont je désire le succès de toute mon âme.

Au commencement, les généreux chrétiens qui conçurent cette pensée avaient en vue la délivrance de Paris assiégé. Vous étiez entourés et séparés de la France par les armées étrangères, mes chers auditeurs, quand quelques-uns de vos frères, sortis de Paris, ont entrepris de vous délivrer. D'autres l'essayaient par la force des armes et faisaient noblement leur devoir de soldats. Pour eux, qui ne pouvaient combattre, c'était par la force de la prière et de l'amour, par un vœu à ce Cœur de Jésus, organe et symbole de l'amour du Sauveur, qu'ils avaient tenté votre délivrance. Hélas! tout a été vain; la prière elle-même a été cette fois impuissante pour sauver Paris. Mais, comme la persévérance est une condition pour être exaucé, l'œuvre n'a pas été abandonnée, et c'est aujourd'hui le salut de la France et la délivrance du souverain Pontife qu'il s'agit d'arracher à la bonté de Dieu; c'est l'Église frappée en même temps que la France, l'Église et la France, la mère et la fille, unies dans les mêmes désastres et dans les mêmes douleurs, qu'on vous propose d'unir dans les mêmes prières, dans les mêmes supplications adressées au très-saint Cœur de Jésus-Christ, de chercher à délivrer et à sauver par un même acte solennel de foi, de repentir et d'expiation.

Soyez les apôtres, Messieurs, de cette œuvre catholique et française, religieuse et patriotique. Recommandez-la partout, et que, grâce à vous, de tous les points du territoire, les prières et les aumônes des fidèles viennent en favoriser la réalisation.

Je n'ai pas qualité, moi Archevêque de Paris, pour consacrer la France entière au Sacré Cœur et pour créer une œuvre nationale; mais si, secondé par vous, l'appel fait à la France entière par les chrétiens qui ont entrepris cette œuvre est accueilli par mes vénérables collègues de l'épiscopat et par un très-grand nombre de fidèles de tous les diocèses, alors il me sera permis, en érigeant à Paris un monument religieux avec les souscriptions du pays tout entier, de consacrer ce nouveau temple au très-saint Cœur de Jésus, au nom de la France régénérée par son repentir et son dévouement à Jésus-Christ.

En terminant, je vous bénis de nouveau,

Messieurs, et je vous donne rendez-vous pour le carême prochain au pied de cette chaire, où Dieu permettra, je l'espère, que l'éminent religieux qui vous a évangélisés cette année continue ses enseignements.

---

*Afin de compléter les documents destinés à faire connaître l'organisation, la marche et les progrès de l'œuvre du Vœu national au Sacré Cœur de Jésus, il a paru utile de joindre à la Conférence du R. P. Monsabré et à l'Allocution de Mgr l'archevêque de Paris :*

1° *La formule du vœu ;*

2° *La circulaire que le Comité de l'œuvre a adressée à ses adhérents après sa constitution ;*

3° *La lettre que Mgr l'archevêque de Paris a daigné lui écrire et qui a été l'approbation formelle de l'œuvre ;*

4° *La notice distribuée dans l'église de Notre-Dame le jour de la conférence, notice qui peut servir à remplacer la formule de vœu.*

# VŒU

## AU SACRÉ CŒUR DE JÉSUS

POUR OBTENIR

## LA DÉLIVRANCE DU SOUVERAIN PONTIFE

ET LE SALUT DE LA FRANCE

---

En présence des malheurs qui désolent la France, et des malheurs plus grands peut-être qui la menacent encore;

En présence des attentats sacriléges commis à Rome contre les droits de l'Église et du Saint-Siége et contre la personne sacrée du Vicaire de Jésus-Christ;

Nous nous humilions devant Dieu, et, réunissant dans notre amour l'Église et notre patrie, nous reconnaissons que nous avons été coupables et justement châtiés.

Et pour faire amende honorable de nos péchés et obtenir de l'infinie miséricorde du Sacré Cœur de Notre-Seigneur Jésus-Christ le pardon de nos fautes, ainsi que les secours extraordinaires qui peuvent seuls délivrer le Souverain Pontife de sa captivité, et faire cesser les malheurs de la France, nous promettons de contribuer à l'érection à Paris d'un sanctuaire dédié au Sacré Cœur de Jésus.

---

Notrs Saint-Père le Pape a daigné accorder de grand cœur sa bénédiction à cette Œuvre réparatrice. Mgr l'Archevêque de Paris a bien voulu l'approuver formellement et lui donner son paternel appui. Un grand nombre d'archevêques et d'évêques lui ont donné les plus chaleureux encouragements.

---

# ŒUVRE

DU

# VŒU NATIONAL AU SACRÉ CŒUR DE JÉSUS

POUR OBTENIR

## LA DÉLIVRANCE DU SOUVERAIN PONTIFE

ET LE SALUT DE LA FRANCE

---

M

L'ŒUVRE DU VŒU NATIONAL DU SACRÉ-CŒUR DE JÉSUS, déjà accueillie avec tant de sympathie par les âmes pieuses, leur fait maintenant un appel nouveau et plus pressant. Son but est toujours le même, mais il devient nécessaire d'en poursuivre la réalisation d'une manière différente. Nous demandions au début la délivrance de Paris. A mesure que les événements se sont déroulés, nous avons vu Paris délivré, dans des conditions, hélas! bien différentes de celles que nous désirions. De nouvelles calamités, de nouveaux dangers sont venus consterner les âmes; le Vicaire de Jésus-Christ, presque captif dans son palais, voit, de jour en jour, sa position devenir plus pénible et plus alarmante. L'avenir ne présente à nos yeux que des perspectives de calamité et de ruine. Il a donc paru plus nécessaire que jamais de persister dans cette entreprise, non plus en y attachant la réalisation d'une condition déterminée, mais en redoublant d instances auprès du Tout-Puissant, pour qu'Il daigne regarder en pitié l'Église et la Patrie. C'est dans ce but que nous implorons le Sacré-Cœur de Notre-Seigneur Jésus-Christ, foyer d'amour et source de grâces, que nous lui demandons surtout cette régénération morale qui peut seule nous sauver, et dans laquelle tous les efforts du monde seraient vains.

Il ne faut pas oublier non plus que notre Œuvre n'est pas seulement une Œuvre de délivrance, mais une Œuvre d'expiation. Les termes de la formule, déjà acceptée par des milliers d'adhérents, sont formels sur ce point. Or, les scandales dont nous avons été les témoins, les forfaits dont nous avons failli être les victimes, disent assez haut que nous avons beaucoup à expier, et que ce devoir s'impose à nous dès à présent, quelques événements que nous réserve l'avenir.

Cette dernière pensée a déterminé le choix qui a été fait de Paris pour l'accomplissement de notre vœu, c'est-à-dire pour l'érection d'un sanctuaire dédié au Sacré Cœur de Jésus. Paris a été le théâtre des plus grands désordres ; nulle part l'expiation ne sera mieux placée ni plus éclatante. Nulle part, en même temps, il n'y a de plus grands dangers à conjurer, ni des besoins spirituels plus pressants à satisfaire. Quant à l'emplacement à choisir dans Paris, il sera déterminé par l'autorité diocésaine, près de laquelle nous sommes heureux de nous abriter. Notre Œuvre, commencée au moment de l'investissement rigoureux de Paris, poursuivie pendant les horreurs de la Commune et pendant la vacance du siége archiépiscopal, n'avait pas négligé de demander l'appui et la protection des pasteurs des âmes. L'approbation de plus de vingt-cinq Évêques reçue par nous en fait foi. Et, ce qui est plus précieux encore, la bénédiction du Père commun des fidèles était venue ranimer notre courage et soutenir nos efforts. Mais nous n'avions pu, jusqu'à présent, obtenir de l'autorité diocésaine de Paris l'approbation formelle nécessaire à une fondation catholique. Nous sommes heureux d'annoncer que cette approbation nous est accordée. Mgr l'Archevêque de Paris a daigné accueillir avec une bonté toute paternelle le Comité provisoire formé pour la première organisation de l'Œuvre, et lui a donné pour directeur spirituel M. Jourdan, vicaire général du diocèse de Paris.

En même temps, le Comité, sur l'invitation de Sa Grandeur, s'est complété et se trouve maintenant composé de :

MM. Baudon, 6, place du Palais-Bourbon;
de Benque, 2, rue Radziwill, à la Banque de France;
Général Baron de Charette, 34, avenue Montaigne;
Cornudet, 102, rue de Rennes;
Th. Dauchez, 75, rue du Plessis, à Versailles;
Descottes, 71, rue de Grenelle;
Comte de Lambel, 33, rue Saint-Dominique;
Legentil, 51, rue de Paradis-Poissonnière;
E. de Margerie, 21, avenue de Latour-Maubourg;
Merveilleux du Vignaux, 42, rue de Grenelle;
Comte de Missiessy, 21, rue des Bois, à Fontainebleau;
H. Rohault de Fleury, à Chauconin, près Meaux;
Marquis de Vibraye, 56, rue de Varennes, ou au château de Cheverny (Loir-et-Cher).

Ainsi régulièrement constitué, le Comité fait appel à ses adhérents; il les prie de se rappeler devant Dieu la promesse faite par eux de contribuer, *selon leurs moyens*, à l'érection du futur sanctuaire. Il leur demande de vouloir bien au moins, dès à présent, fixer le montant de leur souscription. Il est prêt d'ailleurs à recevoir les sommes qu'on voudra bien lui envoyer et qui devront être adressées à

M. Th. Dauchez ou à MM. Legentil et Rohault de Fleury, rue de Furstenberg, 6 (1).

Mais il porte plus loin ses vues. Toutes les âmes chrétiennes et françaises, tous les esprits élevés, tous les cœurs généreux sont conviés à prendre part à cette Œuvre. Tous les chrétiens ont intérêt à s'associer à un grand acte d'expiation et de préservation, qui pourra contribuer efficacement au salut de la patrie en contribuant à la gloire de Dieu. La nation convertie sera bientôt la nation sauvée.

Pour le Comite de l'Œuvre :

Léon CORNUDET, *président.*

A. F. LEGENTIL, *secrétaire.*

(1) Il est important que les signatures soient lisibles et accompagnées d'adresses exactes et complètes.

# ARCHEVÊCHÉ DE PARIS

---

Paris, le 18 janvier 1872,
Fête de la Chaire de Saint-Pierre, à Rome.

*A MM. les membres du Comité de l'Œuvre du Vœu national au Sacré Cœur de Jésus.*

MESSIEURS,

L'œuvre du *Vœu national au Sacré Cœur de Jésus,* dont vous m'avez donné connaissance, mérite d'être encouragée et je ne puis qu'applaudir à la pensée pieuse qui l'a inspirée.

Vous avez considéré à leur vrai point de vue les malheurs de notre pays. Ils sont le fruit amer des infidélités dont nous sommes coupables envers Dieu. L'impiété a fait table rase de tous les principes du bien, et les mœurs en sont venues à toutes les hontes et à toutes les impiétés du paganisme. La vie chrétienne n'est plus le fait que du petit nombre. La conjuration contre Dieu et son Christ a prévalu dans une multitude d'esprits, et, en punition d'une apostasie presque générale, la société a été livrée à toutes les horreurs de la guerre avec l'étranger victorieux, et de la guerre plus affreuse encore entre les enfants d'une même patrie. Devenus par nos prévarications des révoltés contre le ciel, nous sommes tombés pendant nos troubles dans l'abîme de l'anarchie. La terre de France a retracé l'effrayante image de ce lieu *où nul ordre n'habite*, tandis que l'avenir s'offre encore à elle avec de nouvelles terreurs en perspective.

Vous donc, Messieurs, qui, à travers les sombres nuages qui couvrent le monde, recevez encore les rayons d'en haut, parce que vous êtes restés des chrétiens fidèles, vous avez vu où il fallait chercher le secours et d'où nous pouvait venir la délivrance. Vous avez eu une sainte et lumineuse pensée en vous adressant au Cœur miséricordieux de Jésus, car il est écrit qu'il n'y a de salut que dans la puissance de ce nom.

Oui, il est juste et sage de faire à ce Cœur divin, si profondément contristé par nos péchés, une solennelle amende honorable, et de lui offrir un témoignage permanent de douleur et de repentir pour le mal qui s'est produit et se produit encore contre Dieu.

Vous désirez qu'un temple, dédié au Sacré Cœur de Jésus, s'élève dans Paris qui n'en possède aucun sous ce titre ; ce temple, dans votre pensée, doit être un monument d'expiation et la France entière sera appelée à contribuer à cette œuvre par les dons des fidèles.

En même temps, ce sanctuaire du Sacré-Cœur deviendrait devant Dieu l'expression d'une supplication générale pour que les jours de nos épreuves soient abrégés et adoucis, et que du Cœur si aimant de l'adorable Rédempteur des hommes sorte notre régénération spirituelle et temporelle.

Rien n'est plus chrétien ni plus patriotique qu'un tel vœu.

Je m'entendrai avec vous, Messieurs, pour choisir l'emplacement où pourra se faire avec le plus d'utilité cette construction, lorsqu'on aura recueilli des fonds suffisants pour la commencer avec espoir de la terminer. J'espère que tous les bons chrétiens accueilleront avec faveur et soutiendront de leur générosité un projet déjà béni par le souverain Pontife et qui intéresse le pays tout entier.

C'est de la France que le mal qui nous travaille s'est répandu dans toute l'Europe ; c'est aussi de la France, où a pris naissance la dévotion au Sacré-Cœur, que partiront les prières qui doivent nous relever et nous sauver.

Le sanctuaire dont il s'agit sera un lieu de pieux pèlerinage, fréquenté par un nombreux concours d'adorateurs, et deviendra, dans l'enceinte de la capitale, une sorte de paratonnerre sacré, qui la préservera des coups de la justice divine. En s'élevant comme un acte public de contrition et de réparation pour tant de péchés commis contre Dieu, ce temple sera encore parmi nous une protestation contre d'autres monuments et œuvres d'art érigés pour la glorification du vice et de l'impiété.

Enfin, vous avez pour objet, dans votre pieuse entreprise, la délivrance du Chef de l'Église, captif dans sa demeure et dépouillé d'une souveraineté nécessaire au libre exercice de son ministère. Il faut pour cela une victoire sur les ennemis de la religion, et, pour l'obtenir, vous voulez associer à cette intention le mérite des offrandes de vos souscripteurs et les prières qui s'élèveront du nouveau temple. C'est là une idée d'autant plus juste que le salut ne peut venir que du ciel.

Je bénis votre œuvre de tout mon cœur. Daigne le Dieu tout-puissant la faire réussir dans son exécution comme dans les effets que nous en attendons!

Recevez, Messieurs, la sincère expression de tous mes sentiments les plus paternels.

† J. HIPP., *archevêque de Paris.*

# ŒUVRE

DU

VŒU NATIONAL AU SACRÉ-CŒUR DE JÉSUS

POUR OBTENIR

LA DÉLIVRANCE DU SOUVERAIN PONTIFE

ET LE SALUT DE LA FRANCE

---

# ÉGLISE VOTIVE

A ÉRIGER

A JÉSUS-CHRIST & A SON SACRÉ CŒUR

AU NOM DE LA FRANCE

---

Il n'est plus possible de méconnaître que les causes vraies de nos malheurs sont l'abandon des lois de la religion, les désordres et les scandales qui en ont été la conséquence directe, et que le remède souverain à tant de maux, c'est le repentir de nos fautes et le retour sincère à la foi de nos pères.

L'Œuvre du Vœu national au Sacré Cœur de Jésus, qui a pris naissance au milieu de nos plus cruels revers, et qui a été établie pour obtenir du Seigneur la délivrance du Souverain Pontife et le salut de notre bien-aimée Patrie, propose à tous ceux qui sont touchés de nos malheurs, qui en reconnaissent les causes et qui en acceptent le remède, de faire un acte solennel de foi en NOTRE-SEIGNEUR JÉSUS-CHRIST, d'expiation de nos iniquités, et de confiance dans le Cœur sacré du Sauveur, instrument et symbole de son amour pour les hommes.

A cet effet, on se propose d'ériger une église votive monumentale à Paris, dans cette ville qui, à côté du spectacle des plus sublimes vertus, a donné l'exemple des plus grands crimes.

Notre Saint-Père le Pape a daigné accorder sa bénédiction à cette Œuvre réparatrice. Mgr l'Archevêque de Paris a bien voulu la prendre sous son patronage et lui accorder une double faveur en adressant aux Membres du Comité de l'Œuvre une lettre approbative qui a été imprimée et distribuée avec la précédente circulaire du Comité, et en désignant un de ses vicaires généraux, M. l'abbé Jourdan, comme directeur spirituel de l'Œuvre.

Un grand nombre de NN. SS. les Archevêques et Évêques de France ont donné à l'Œuvre les plus chaleureux encouragements. Plusieurs d'entre eux ont envoyé au Comité leur offrande personnelle.

Les personnes qui consentiraient à adhérer à cette Œuvre sont priées de vouloir bien inscrire sur cette feuille le montant de leur souscription avec leur nom et leur adresse *lisiblement écrits*, et remettre le tout, soit à la sacristie de Notre-Dame-des-Victoires, ou à la sacristie de Saint-Sulpice, soit à M. Th. Dauchez, ou à MM. Legentil et Rohault de Fleury, rue de Fürstenberg, n° 6, à Paris.

Le montant des offrandes peut, dès à présent, être joint aux souscriptions et remis aux mêmes adresses, ou chez MM. les Membres du Comité, dont les noms et les adresses suivent :

MM. Léon Cornudet, *Président*, ancien président de section au Conseil d'État, 102, rue de Rennes, à Paris.

Th. Dauchez, *Trésorier*, 75, rue du Plessis, à Versailles.

Legentil, *Secrétaire*, 51, rue de Paradis-Poissonnière, à Paris.

H. Rohault de Fleury, *Secrétaire*, à Chauconin, près de Meaux (Seine-et-Marne).

Baudon, Président-général de la Société de Saint-Vincent de Paul, 6, place du Palais-Bourbon, à Paris.

De Benque, 2, rue Radziwill, à la Banque de France, à Paris.

Général baron de Charette, 34, avenue Montaigne, à Paris.

Descottes, ingénieur en chef des mines, 71, rue de Grenelle, à Paris.

Cte de Lambel, 33, rue Saint-Dominique, à Paris.

E. de Margerie, 21, boulevard de Latour-Maubourg, à Paris.

Merveilleux du Vignaux, avocat général près la Cour d'appel de Paris, 42, rue de Grenelle, à Paris.

Cte de Missiessy, ancien officier supérieur de la marine, 21, rue des Bois, à Fontainebleau (Seine-et-Marne).

Comte Anatole de Ségur, ancien conseiller d'État, 72, rue de Bellechasse, à Paris.

Marquis de Vibraye, 56, rue de Varennes, à Paris, ou au château de Cheverny (Loir-et-Cher).

Un registre contenant les noms de tous les adhérents sera conservé dans les archives de l'Église à ériger, et des Messes fondées à perpétuité pour le salut de leurs âmes.

BIBLIOTHÈQUE NATIONALE R.F. IMPRIMÉS

PARIS. — IMP. JULES LE CLERE, RUE CASSETTE, 29.

110

www.ingramcontent.com/pod-product-compliance
Ingram Content Group UK Ltd.
Pitfield, Milton Keynes, MK11 3LW, UK
UKHW020407220726
13923UKWH00004B/1784

9 782019 298531